Les jeunes étoiles DU BALLET

COLLECTION CRABTREE « LES JEUNES PLANTES »

Taylor Farley

Crabtree Publishing
crabtreebooks.com

C'est samedi!
Nous avons une
classe de **ballet**.

Je porte un **justaucorps** et des chaussons de ballet.

Nous utilisons une **barre** pour nos exercices de réchauffement.

Nous pratiquons nos **positions**.

Première position

Les talons se touchent, les orteils sont tournés vers l'extérieur.

Deuxième position

Pieds écartés, bras grands ouverts.

Troisième position

Un pied en avant de l'autre se touchant.

Quatrième position

Un pied en avant de l'autre, avec un espace entre les deux.

Cinquième position

Aucun espace entre les pieds.

Les deux bras relevés en **ovale**.

Notre professeur(e) de ballet s'attend à ce que nous fassions de notre mieux.

Quand je serai plus âgée, je porterai des **chaussons de pointes**.

Nous adorons le ballet!

Glossaire

ballet (ba-lè) : Le ballet est un style de danse.

barre (BAR) : Une barre est une barre de maintien accrochée au mur. Les danseurs de ballet utilisent la barre pour s'entraîner et faire des exercices.

chaussons de pointes (cho-son de pwint) : Les danseuses de ballet portent des chaussons de pointe afin de pouvoir se tenir sur le bout des orteils.

justaucorps (just-o-kor) : Un justaucorps est une pièce de vêtement moulant et extensible que l'on porte pour faire de l'exercice ou danser.

ovale (o-val) : Un ovale est une forme longue et ronde comme un œuf.

positions (po-zi-syon) : Les positions sont une façon de placer votre corps.

Index

barre 7
bras 7
chaussons 4, 19
exercices 7
justaucorps 4
pied 12, 13
pieds 11, 14
position(s) 8, 10, 11, 12, 13, 14

Soutien de l'école à la maison pour les gardien(ne)s et les enseignant(e)s.

Ce livre aide les enfants à se développer grâce à la pratique de la lecture. Voici quelques exemples de questions pour aider le(a) lecteur(-trice) à développer ses capacités de compréhension. Des suggestions de réponses sont indiquées.

Avant la lecture

- **Quel est le sujet de ce livre?** Je pense que ce livre parle de la danse classique, le ballet. Ça peut nous apprendre comment les enfants apprennent le ballet.
- **Qu'est-ce que je veux savoir sur ce sujet?** Je veux apprendre les différents mouvements de ballet. Je me demande quels vêtements portent les danseur(-euse)s de ballet.

Durant la lecture

- **Je me demande pourquoi…** Je me demande pourquoi les danseuses de ballet font des exercices de réchauffement.
- **Qu'est-ce que j'ai appris jusqu'à présent?** J'ai appris qu'il y a cinq positions de ballet. J'ai aussi appris que les danseuses portent des justaucorps et des chaussons de ballet.

Après la lecture

- **Nomme quelques détails que tu as retenus.** J'ai appris que les danseuses de ballet doivent pratiquer beaucoup. Elles suivent des cours avec les professeurs de ballet.
- **Écris les mots peu familiers et pose des questions pour mieux comprendre leur signification.** Je vois le mot *justaucorps* à la page 4 et le mot *barre* à la page 7. Les autres mots de vocabulaire se trouvent aux pages 22 et 23

Crabtree Publishing

crabtreebooks.com 800-387-7650

Version imprimée du livre produite conjointement avec Blue Door Education en 2021.

Auteur : Taylor Farley
Traduction : Claire Savard

Hardcover 978-1-4271-5020-2
Paperback 978-1-4271-3662-6
Ebook (pdf) 978-1-4271-3730-2
Epub 978-1-4271-5002-8
Read-along 978-1-0398-0394-7
Audio book 978-1-4271-4984-8

Printed in Canada/022024/CP20240215

Publié au Canada par Crabtree Publishing
616 Welland Avenue
St. Catharines, Ontario
L2M 5V6

Publié aux États-Unis par Crabtree Publishing
347 Fifth Avenue
Suite 1402-145
New York, NY 10016

Crédits photos Couverture © Samuel Borges Photography; p. 2-3 © Satyrenko; p. 4-5 © Samuel Borges Photography; p. 6-7 © JoHo; p. 9 © Sean Nel; p. 10-15 © D.J.McGee; p. 17 et 19 © Master1305; p. 21 © Carlush. Toutes les photos et illustration sont de Shutterstock.com.

Catalogage avant publication de Bibliothèque et Archives Canada
Titre: Les jeunes étoiles du ballet / Taylor Farley.
Autres titres: Little stars ballet. Français. | Du ballet
Noms: Farley, Taylor, auteur.
Description: Mention de collection: Les jeunes étoiles | Collection Crabtree "Les jeunes plantes" | Traduction de : Little stars ballet. | Traduction : Claire Savard. | Comprend un index.
Identifiants: Canadiana (livre imprimé) 20210156627 | Canadiana (livre numérique) 20210156775 | ISBN 9781427136626 (couverture souple) | ISBN 9781427137302 (HTML) | ISBN 9781427150028 (EPUB)
Vedettes-matière: RVM: Ballet—Ouvrages pour la jeunesse.
Classification: LCC GV1787.5 .F3714 2021 | CDD j792.8—dc23